ORGANIZADORA PRISCILA RAMAZE

EDUCAÇÃO FINANCEIRA
Planejamento, lições práticas e sustentáveis

2º ANO

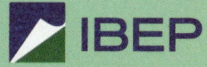

1ª edição
São Paulo – 2023

ENSINO FUNDAMENTAL

Educação Financeira: Planejamento, Lições Práticas e Sustentáveis
2º ano
© IBEP, 2023

Diretor superintendente	Jorge Yunes
Diretora editorial	Célia de Assis
Assessoria pedagógica	Juliana Silvestre dos Santos, Daniel Martins Papini Mota, Inês Calixto
Edição	RAF Editoria e Serviços, Mizue Jyo, Soraia Willnauer, Marília Pugliese Blanco, Deborah Quintal
Assistência editorial	Daniela Venerando, Isabella Mouzinho e Stephanie Paparella
Revisão	RAF Editoria e Serviços, Yara Afonso
Secretaria editorial e processos	Elza Mizue Hata Fujihara
Assistência de arte	Juliana Freitas
Ilustração	Alexandre Benites
Produção Gráfica Editorial	Marcelo Ribeiro
Projeto gráfico e capa	Aline Benitez
Ilustração da capa	Alexandre Benites
Diagramação	Nany Produções Gráficas

Impressão e Acabamento
Oceano Indústria Gráfica e Editora Ltda
Rua Osasco, 644 - Rod. Anhanguera, Km 33
CEP 07753-040 - Cajamar - SP
CNPJ: 67.795.906/0001-10

Dados Internacionais de Catalogação na Publicação (CIP) de acordo com ISBD

R166e   Ramaze, Priscila

    Educação Financeira: Planejamento, Lições Práticas e Sustentáveis / Priscila Ramaze ; organizado por IBEP - Instituto Brasileiro de Edições Pedagógicas. - São Paulo : IBEP - Instituto Brasileiro de Edições Pedagógicas, 2023.
    il. ; 20,5 cm x 27,5 cm. - (Educação Financeira 2º ano)

    ISBN: 978-65-5696-474-4 (aluno)
    ISBN: 978-65-5696-475-1 (professor)

    1. Educação. 2. Ensino fundamental. 3. Educação Financeira. I. IBEP - Instituto Brasileiro de Edições Pedagógicas. II. Título. III. Série.

2023-1212   CDD 372.07
                                                                    CDU 372.4

Elaborado por Vagner Rodolfo da Silva - CRB-8/9410

Índice para catálogo sistemático:
1. Educação - Ensino fundamental: Livro didático 372.07
2. Educação - Ensino fundamental: Livro didático 372.4

1ª edição – São Paulo – 2023
Todos os direitos reservados

Rua Gomes de Carvalho, 1306, 11º andar, Vila Olímpia
São Paulo (SP) – 04547-005 – Brasil – Tel.: (11) 2799-7799
www.editoraibep.com.br   editoras@ibep-nacional.com.br

APRESENTAÇÃO

Querido leitor,

Este livro foi escrito para mostrar que educação financeira é um assunto importante para todo mundo e, também, para as crianças. Nesta coleção, você verá diversas situações do cotidiano que envolvem educação financeira. Além disso, você aprenderá como é importante, desde pequeno, ser responsável, ajudar nas tarefas domésticas e participar das decisões sobre o orçamento da família, fazendo a sua parte para economizar e poupar dinheiro. É desse modo que conseguimos realizar nossos sonhos!

Acompanhe as situações apresentadas em cada lição e aproveite a jornada do conhecimento sobre o valor do dinheiro, como lidar com ele, como planejar o dia a dia, como concretizar sonho e muito mais. Aproveite as histórias e essa jornada do conhecimento. Boa leitura e bons estudos!

A autora.

SUMÁRIO

Lição 1 – Quanto custa este brinquedo?..4

Lição 2 – A importância de economizar 11

Lição 3 – Cuidados com a casa 17

Lição 4 – Planejar o futuro 26

Ao ver estes ícones, você vai:

 manifestar-se oralmente.

 interagir com a família e com os colegas.

LIÇÃO 1 ››› QUANTO CUSTA ESTE BRINQUEDO?

💬 **Converse com os colegas e com o professor sobre a imagem desta página.**

- Os brinquedos novos são vendidos em lojas e têm um preço. Você já pensou sobre o preço das coisas?

- Além dos brinquedos comprados em lojas, existem outras alternativas para adquirir novos brinquedos?

- Na sua família, vocês discutem sobre as compras a serem feitas para a casa e o preço dos produtos?

Heitor vai fazer aniversário no mês que vem. Como sua família planeja com antecedência o orçamento familiar mensal, sua mãe perguntou o que ele iria querer de presente. O menino pediu à mãe um robô novo para sua coleção.

A mãe de Heitor começou, então, a fazer uma pesquisa de preços de robôs e selecionou as lojas de brinquedos que tinham preços mais baixos. Ao longo das semanas, ela levou o menino a algumas dessas lojas para ele mostrar os modelos de que mais gostava.

ATIVIDADES

1 Sua família costuma pesquisar preços antes de fazer compras?

_____

_____

2 Quando você pede aos seus pais que comprem alguma coisa para você, como um brinquedo novo, você pensa em não prejudicar o orçamento familiar?

_____

_____

>>> VOCÊ SABIA?

O **orçamento familiar** registra todos os gastos que são feitos em determinado período por uma família ou grupo de pessoas que vivem juntas. Registra também todo o dinheiro que a família recebe nesse período. Por meio desse tipo de orçamento, é possível controlar os gastos e planejar compras e outras atividades futuras.

Na semana do aniversário de Heitor, sua mãe encontrou um robô que custava R$ 70,00, o mais barato do modelo que o menino queria. Mas, no orçamento do mês da família, só havia R$ 40,00 que poderiam ser usados nessa compra.

3 Quantos reais faltam para que a mãe de Heitor consiga comprar o robô? Calcule no espaço a seguir.

A mãe comentou com Heitor que ele teria de escolher outro modelo de robô ou outro brinquedo. Mas o menino teve a ideia de abrir seu cofrinho e completar o valor com o dinheiro que havia poupado. Ele descobriu que tinha R$ 10,00.

4 Recorte e cole no espaço a seguir as moedas de real do **Material de Apoio** que representam os R$ 10,00 que estavam no cofre.

5 Juntando o dinheiro do orçamento familiar e o dinheiro do cofre, quanto há agora para comprar o novo brinquedo? E quanto dinheiro ainda ficará faltando? Faça os cálculos abaixo.

6 A madrinha de Heitor resolveu dar a ele o dinheiro que faltava para comprar o robô novo. Mas, no dia em que visitou a casa da família, ela tinha apenas R$ 10,00 em sua carteira. Esse valor representa:

☐ o triplo do dinheiro que faltava.

☐ a terça parte do dinheiro que faltava.

☐ a metade do dinheiro que faltava.

☐ o dobro do dinheiro que faltava.

No dia seguinte, a madrinha de Heitor voltou à casa dele para completar o valor que faltava. Agora, finalmente, Heitor terá seu robô novo.

7 Circule o conjunto de dinheiro que representa o valor total de reais dados pela madrinha de Heitor.

8 Na semana seguinte ao aniversário de Heitor, o robô entrou em uma promoção e foi vendido por R$ 35,00. Com o dinheiro que a família de Heitor gastou para comprar o robô, quantos robôs poderiam ser comprados agora?

_____

Certo dia, a mãe de Heitor viu que os brinquedos do menino estavam espalhados pelo quarto. Percebeu também que alguns estavam quebrados e pediu a ele que separasse as peças para descarte em uma caixa e os brinquedos ainda intactos em outra caixa.

9 Você possui brinquedos feitos de quais materiais?

_____
_____
_____

10 Observe a imagem a seguir e indique alguns materiais que parecem compor estes brinquedos.

_____
_____
_____
_____
_____

Leia a tirinha a seguir.

Mauricio de Sousa. Disponível em: https://site.sabesp.com.br/site/interna/Default.aspx?secaoId=770. Acesso em: 15 abr. 2023.

11 Como se chama a prática de construir objetos novos a partir de materiais de outros objetos?

_____

_____

_____

Depois de organizar e separar os brinquedos, Heitor perguntou à mãe se o descarte das peças danificadas seria feito no lixo. A mãe respondeu que tinha uma ideia melhor.

12 💬 Você imagina qual foi a ideia da mãe de Heitor? Comente com os colegas.

››› VOCÊ SABIA?

Objetos danificados podem ter seus materiais reutilizados ou reusados, transformando-se em novos objetos. Algumas escolas, bibliotecas, organizações de preservação do meio ambiente e outras instituições costumam oferecer cursos de reutilização e reúso de materiais. Alguns lugares, inclusive, são dedicados especialmente à construção de brinquedos com materiais reutilizados.

13 Observe a imagem.

a) Você conhece esse brinquedo?

_____

_____

b) 💬 Você imagina qual é a origem dos materiais de que foi feito esse brinquedo?

c) Qual é a vantagem de adquirir ou de construir brinquedos feitos de materiais reutilizados em relação à compra de brinquedos novos?

14 Imagine um brinquedo que possa ser feito com materiais reutilizados. Desenhe esse brinquedo no espaço a seguir.

>>> Nessa lição, conversamos sobre a importância de reutilizar materiais para construir novos objetos, porque essa ação faz bem para o meio ambiente e para as finanças das pessoas. Além disso, aprendemos que pesquisar preços e planejar as compras permitem controlar gastos e planejar o uso futuro de nosso dinheiro. Vimos também que o orçamento familiar é um importante instrumento para incorporarmos essas práticas ao nosso cotidiano.

LIÇÃO 2 >>> A IMPORTÂNCIA DE ECONOMIZAR

💬 **Converse com os colegas e com o professor sobre a imagem desta página.**

- O que a imagem representa?
- Você ajuda seus pais a economizar dinheiro?
- Você ganha mesada ou semanada?
- Você possui um cofrinho para poupar dinheiro?

A família Silva resolveu ir até o supermercado para comprar algumas coisas que estavam faltando em casa. Para evitar a compra de produtos desnecessários, fizeram uma lista registrando os itens de que realmente precisavam.

Veja a seguir a lista de compras da família com o valor de cada alimento e sua quantidade.

LISTA DE COMPRAS

1 pacote de arroz de 5 kg	R$ 24,00
1 pacote de feijão de 1 kg	R$ 10,00
4 pacotes de biscoito	R$ 15,00
1 kg de carne de boi	R$ 40,00

ATIVIDADES

1. Qual é o valor total das compras da família Silva? Faça os cálculos no espaço ao lado.

2. Para pagar as compras, a família Silva entregou no caixa uma nota de R$ 100,00. Quanto de troco a família deve receber?

3. Com um familiar, crie uma lista de compras com os itens mais consumidos em sua casa. Indique o valor em real que você acha que custa cada item. No final da lista, registre o valor total da compra.

Além de ir ao supermercado, a família Silva resolveu passar em um hortifrúti para comprar frutas, legumes e verduras. A família era freguesa de um comércio do bairro, que vendia produtos de agricultura familiar. Por isso, o estabelecimento tinha preços mais baixos, permitindo que a família economizasse dinheiro.

>>> VOCÊ SABIA?

A **agricultura familiar** é a produção agropecuária feita em pequenas propriedades, realizada, em geral, por pessoas de uma mesma família. No nosso país, a maioria dos alimentos consumidos pelos brasileiros vem da agricultura familiar, como feijão, arroz, legumes, frutas, queijos.

4) Veja a seguir o que a família Silva comprou no hortifrúti.

ILUSTRAÇÕES: FREEPIK

a) Pinte as imagens.
b) Qual item foi comprado em maior quantidade?

_____

5 Observe as imagens e indique, usando números, as adições formadas e os resultados.

6 A família Silva gastou R$ 15,00 na compra do hortifrúti. Recorte cédulas do **Material de Apoio** e cole a seguir o dinheiro que você usaria para pagar esse valor.

A família Silva tem uma horta em casa. Em vez de usar adubo industrializado na horta, eles depositam restos de alimentos vegetais, como cascas de frutas, em uma caixa chamada de **composteira**, para produzirem o próprio adubo. Esse processo se chama **compostagem** e ajuda a economizar dinheiro e a preservar o meio ambiente.

O adubo, ou fertilizante, é utilizado para deixar o solo com mais nutrientes, assim os vegetais cutivados crescem mais bonitos e fortes.

7 Se a família Silva não produzisse o adubo para sua horta, teria de comprar adubos industrializados. Observe a seguir dois fertilizantes com seus valores e circule a imagem que representa o fertilizante com o menor preço.

1

PREÇO: R$ 10,00

2

PREÇO: R$ 15,00

a) O fertilizante 1, que custa R$ 10,00, é suficiente para adubar uma horta como a da família Silva por uma semana. Se a família não fizesse compostagem, quanto gastaria com esse fertilizante em um mês com 4 semanas? Faça os cálculos no espaço a seguir.

b) O fertilizante 2, que custa R$ 15,00, é suficiente para adubar uma horta como a da família Silva por duas semanas. Quanto a família gastaria com esse fertilizante em um mês com 4 semanas? Faça os cálculos no espaço a seguir.

c) Qual adubo sairia mais barato se fosse usado durante um mês?

8 Você acha que utilizar as cascas das frutas como adubo está ajudando a família a economizar dinheiro? Explique.

>>> **VOCÊ SABIA?**

Economizar é administrar o dinheiro que se ganha e que se gasta para conseguir diminuir as despesas e poder poupar dinheiro.

Poupar é guardar o dinheiro que se economiza, fazendo reservas para imprevistos ou aplicação em projetos futuros.

>>> Nesta lição, você aprendeu a importância de economizar e alguns modos de praticar essa ação. Ao economizar dinheiro, você e sua família poderão poupar para realizar sonhos futuros.

Economizar dinheiro pode ser feito de diversos modos: por meio da pesquisa de preços antes de realizar uma compra, da escrita de uma lista para evitar a compra de itens desnecessários ou o desperdício de alimentos, por exemplo.

Para se habituar a economizar, é preciso ficar sempre atento aos preços e ser bastante organizado.

LIÇÃO 3 >>> CUIDADOS COM A CASA

💬 **Converse com os colegas e com o professor sobre a imagem desta página.**

- O que as pessoas representadas na imagem estão fazendo?
- Você acha importante que todos da família ajudem com as tarefas de casa?
- Você gosta de ficar em uma casa limpa e organizada?
- Você realiza alguma das tarefas representadas na imagem?

O pai e a mãe de Eduardo pretendem aproveitar suas férias para fazer alguns reparos na casa, pensando na segurança da família. Afinal, cuidar da casa não é somente mantê-la limpa e organizada, é também mantê-la segura.

ATIVIDADES

1. Você já parou para pensar se há perigo de acidentes em sua casa? Converse sobre isso com os colegas.

2. Com a ajuda de pessoas da sua família, cite três situações que podem ser consideradas acidentes domésticos.

_____
_____
_____
_____
_____

3 Observe a seguir algumas situações que podem acontecer nas casas das famílias e circule de vermelho as imagens que representam perigo.

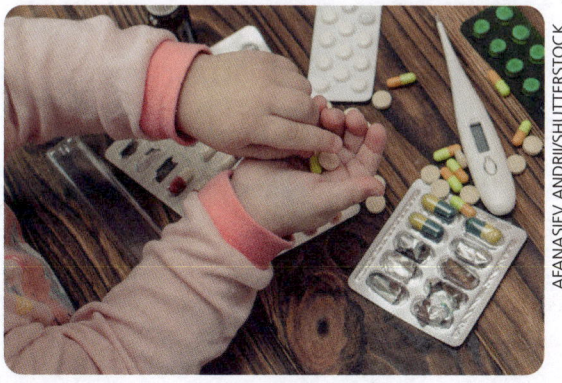

4 💬 O que pode ser feito pelos pais ou responsáveis para evitar as situações de perigo que você circulou nas imagens acima? Converse com os colegas.

Felipe e Janice, pais de Eduardo, fizeram uma lista dos itens que precisam comprar para deixar a casa mais segura.

2 parafusos ....R$ 1,00
10 pregos....................................R$ 1,00
1 martelo.....................................R$ 30,00
10 protetores de tomada...............R$ 5,00
1 furadeira...................................R$ 200,00
1 par de luvas..............................R$ 5,00
1 alicate.......................................R$ 10,00

5 Qual é o valor total da lista de materiais? Faça os cálculos no espaço a seguir.

6 Felipe e Janice resolveram fazer uma troca e comprar outra marca de furadeira, pagando agora R$ 140,00 pelo equipamento, em vez de pagar R$ 200,00. Quanto eles economizaram com essa troca?

7 Circule as notas ou moedas que formam o valor exato economizado pelos pais de Eduardo.

Janice, a mãe de Eduardo, resolveu aproveitar e fazer uma lista com os produtos que estavam faltando para realizar a limpeza da casa.

2 detergentes	R$ 6,00
1 desinfetante	R$ 12,00
1 água sanitária	R$ 5,00
1 limpa-vidros	R$ 12,00
1 lustra-móveis	R$ 9,00
3 panos de chão	R$ 10,00

8 Qual é o valor total da lista de materiais de limpeza? Faça os cálculos no espaço a seguir.

9 Recorte do **Material de Apoio** e cole no espaço a seguir notas e moedas que podem ser usadas para pagar os materiais de limpeza sem que seja necessário receber troco.

Thiago estava observando sua mãe pagar as compras no caixa.

10 Thiago viu que sua mãe utilizou uma nota de 50 reais para pagar parte da compra.

O menino disse à mãe que também poderia ter utilizado duas notas de 20 reais e uma nota de 10 reais para pagar o mesmo valor. Thiago está certo?

_____

11 Haveria alguma outra combinação de notas e moedas para pagar o valor exato da compra? Em caso positivo, cite a combinação.

_____
_____
_____
_____

A mãe de Thiago chegou em casa com as compras. Ele e o irmão, Pedro, ajudaram a carregar as sacolas e a organizar os produtos nos devidos lugares. Além de materiais de limpeza, foram comprados outros itens no supermercado. Thiago e Pedro resolveram separar os itens comprados por categoria. Veja as categorias escolhidas por eles nos quadros a seguir.

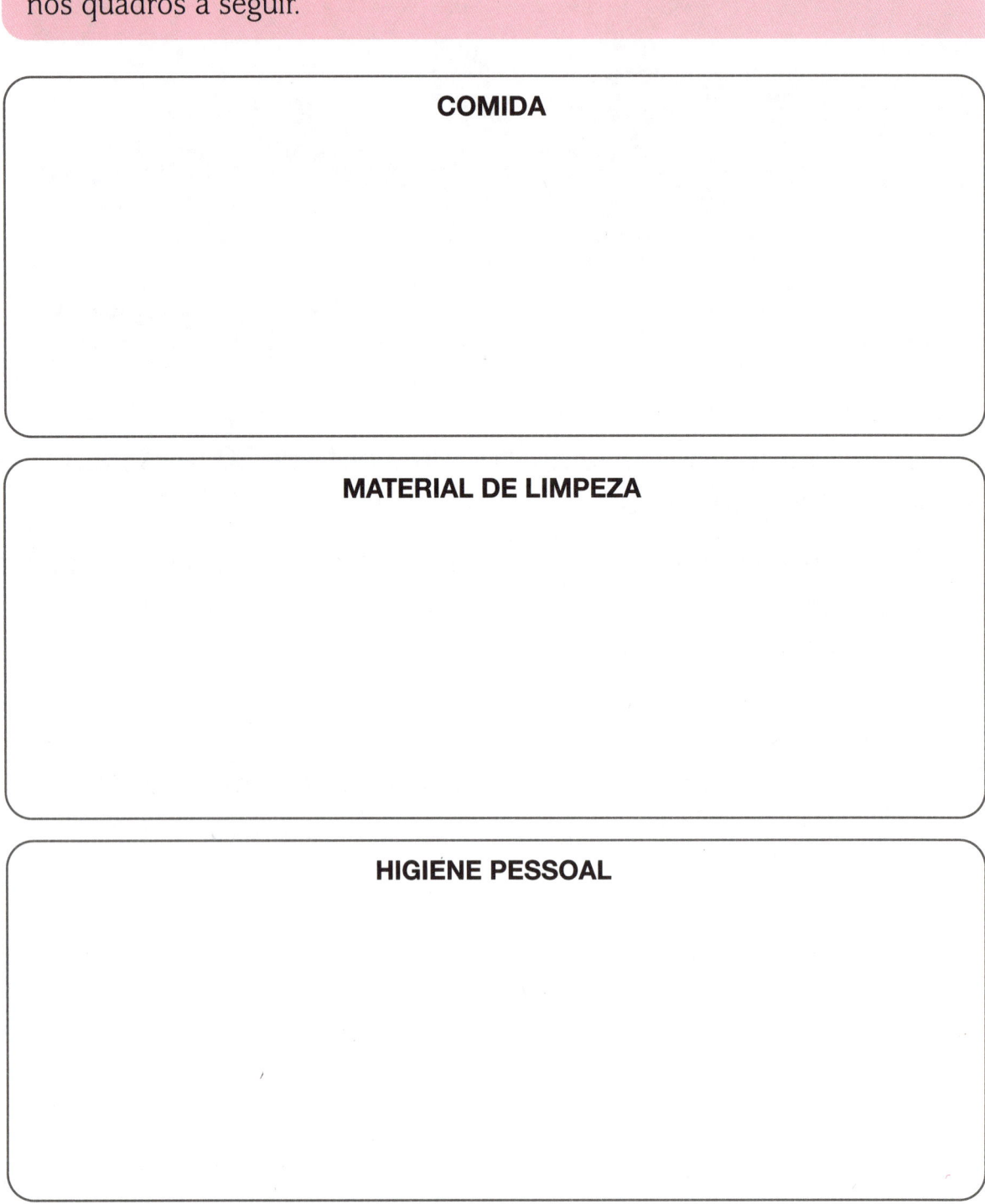

COMIDA

MATERIAL DE LIMPEZA

HIGIENE PESSOAL

BEBIDAS

12 Recorte do **Material de Apoio**, no folheto de supermercado, os itens em promoção e cole nos espaços acima, organizando os produtos por categoria. Escolha dois itens de cada categoria.

13 Quantos reais seriam gastos para comprar os itens de cada categoria escolhidos por você?

_____

_____

>>> Nessa lição, você aprendeu a importância dos cuidados com a casa e como esses cuidados podem refletir no bem-estar e na segurança das famílias. Além disso, cuidar da nossa casa significa economia, pois, assim, nossas coisas duram por mais tempo.

Os cuidados com a casa envolvem desde tarefas mais complexas, como alguns reparos que precisam ser feitos de tempos em tempos, até as mais simples, como arrumar a cama, ajudar os pais a guardar as compras, organizar os brinquedos após as brincadeiras e fazer uma lista de compras antes de ir ao supermercado.

É muito importante que todos participem dos cuidados com a casa. E você, tem ajudado a cuidar de sua casa?

LIÇÃO 4 >>> PLANEJAR O FUTURO

💬 **Converse com os colegas e com o professor sobre a imagem desta página.**

- O que a imagem representa?
- Você faz planos? E sua família?
- Você acha que é preciso planejar para realizar nossos sonhos e projetos?

Os pais de André e Luísa têm o sonho de comprar uma casa nova, pois moram em uma casa de dois quartos, e o sonho de Luísa é ter um quarto só para ela. Além disso, eles precisam de mais espaço porque desejam adotar um cachorro.

O primeiro passo dado pelos pais de André e Luísa foi realizar uma pesquisa para verificar os preços das casas nos bairros em que eles gostariam de morar. Veja as três casas de que eles mais gostaram e seus valores.

ILUSTRAÇÕES: SHUTTERSTOCK

R$ 85.000,00

R$ 120.000,00

R$ 200.000,00

ATIVIDADES

1 Observando as três casas de que eles mais gostaram, qual é a de menor valor?

_____

2 Mariana e Jonas, pais de André e Luísa, têm uma poupança no valor de R$ 80.000,00. Eles definiram que querem comprar a casa de valor mediano entre as três de que mais gostaram. Qual é o valor da casa que eles escolheram?

_____

3 A família de André e Luísa resolveu usar todo o dinheiro da poupança na compra da casa nova. Quanto ainda vai faltar para completar o valor da compra da casa escolhida?

_____

Como não tinham dinheiro para comprar a casa à vista, Mariana e Jonas vão pagar o valor restante em parcelas mensais.

Para saber quanto podem pagar por mês, eles elaboraram um orçamento familiar com as receitas e as despesas fixas mensais. Veja a seguir.

ORÇAMENTO DOMÉSTICO	
Receitas	
Salário de Mariana	R$ 2.000,00
Salário de Jonas	R$ 1.800,00
Despesas	
Conta de energia elétrica	R$ 100,00
Conta de gás	R$ 80,00
Internet	R$ 80,00
Condomínio	R$ 200,00
Compras do mês no supermercado	R$ 800,00
Compras do mês no hortifrúti	R$ 100,00
Prestação do carro	R$ 400,00
Aulas de natação das crianças	R$ 200,00
Total das despesas	R$ 1.960,00
SALDO	

4 Observe a imagem, que retrata um dia diferente na vida de uma família.

a) O que você acha que aconteceu?

_____

_____

b) Na cena retratada, a mãe está falando ao telefone. Você imagina com quem ela está falando?

_____

_____

c) Você acha que essa situação vai influenciar nas despesas da família? Em caso positivo, ela seria uma despesa fixa ou variável?

_____

_____

_____

››› VOCÊ SABIA?

Receita é todo dinheiro que se recebe, ou pelo trabalho que se faz, ou pela venda de produtos etc. **Despesa** é todo gasto de dinheiro feito por uma família, por uma empresa etc. Receitas e despesas **fixas** são aquelas que não mudam, por exemplo, o aluguel de uma casa, que tem de ser pago todo mês. Receitas e despesas **variáveis** são aquelas que não acontecem sempre, como a compra de uma roupa, o gasto com reparos de equipamentos ou estruturas da casa que sofreram danos etc. **Saldo** é o dinheiro que sobra da receita depois de serem pagas todas as despesas.

5 Observe novamente o orçamento da família de André e Luísa. Quanto a família ganha por mês, ou seja, qual é sua receita mensal? Explique como calculou esse valor.

_____

_____

_____

6 Depois de pagar todas as despesas fixas, quanto sobra de dinheiro por mês para a família de André e Luísa? Escreva esse valor no campo "Saldo" do orçamento da família da página 28.

7 💬 Quanto a família de André e Luísa poderia pagar por mês pelas prestações da casa nova? Converse com os colegas.

Para ter uma quantia de dinheiro sobrando todos os meses para alguma emergência, Mariana resolveu vender brigadeiros em seu trabalho. Cada brigadeiro será vendido por R$ 1,00.

8 Mariana pensou no tempo livre que teria e planejou quantos brigadeiros poderia fazer por dia. Ela resolveu fazer 30 unidades por dia.

a) Se vender todos os brigadeiros, quanto Mariana vai ganhar por dia?

_____

b) Em cinco dias, quantos brigadeiros ela terá vendido?

_____

c) Quantos reais ela terá ganhado após cinco dias?

_____

d) Em um mês de 30 dias, quanto Mariana terá arrecadado com a venda dos brigadeiros? Faça os cálculos no espaço abaixo.

Leia a seguir a lista de ingredientes que Mariana usa para fazer o total de brigadeiros para vender em um mês e os valores gastos.

LISTA DE INGREDINTES

3 potes de achocolatado em pó..............................R$ 29,00

350 gramas de manteiga...R$ 25,00

11 latas de leite condensado..................................R$ 66,00

6 pacotes de chocolate granulado.........................R$ 39,50

9 Quanto Mariana gasta no total para fazer os brigadeiros?

10 Considerando o valor gasto para fazer os brigadeiros, quanto de dinheiro sobra para Mariana usar com sua família no final do mês?

11 Luísa resolveu ajudar sua mãe a calcular quanto ela teria poupado com a venda de brigadeiros após cinco meses, já descontando o valor dos ingredientes. Que valor Luísa encontrou? Use a calculadora, como Luísa também usou.

_____

12 Na hora de mostrar para sua mãe o resultado, Luísa acrescentou dois zeros após o último número depois da vírgula.

a) Qual foi o valor total?

_____

b) Os zeros que foram acrescentados fazem diferença no valor total?

_____

_____

>>> Nesta lição, você aprendeu que planejar o futuro é muito importante porque, para chegar em determinado lugar ou conquistar algo, primeiro é preciso saber o que se quer para depois fazer um plano a fim de chegar lá.

Você também entendeu o que é um orçamento doméstico. Compreendeu o que são receitas e despesas fixas e percebeu que é preciso contar também com despesas variáveis. Viu exemplos de como é importante ter organização financeira e planejamento para saber quanto tempo será necessário para alcançar seu sonho ou projeto.

Para conquistar aquilo que desejamos, precisamos fazer escolhas. No final, sempre vale a pena!

MOEDAS

CÉDULAS

MATERIAL DE APOIO – Educação Financeira: planejamento, lições práticas e sustentáveis – 2º ano

MATERIAL DE APOIO – Educação Financeira: planejamento, lições práticas e sustentáveis – 2º ano

MATERIAL DE APOIO – Educação Financeira: planejamento, lições práticas e sustentáveis – 2º ano

MERCADO DA VILA

Promoções do mês de MAIO
válidas até 31/05/2023

Batatas
R$ 3,20
quilo

Arroz
R$ 5,20
quilo

Feijão
R$ 6,90
quilo

Cenoura
R$ 3,90
quilo

Iogurte
R$ 1,80
unidade

Macarrão
R$ 4,00
500 gramas

Molho de tomate
R$ 3,00
unidade

Suco de maçã
R$ 6,00
1 litro

Suco de laranja
R$ 4,20
1 litro

Creme dental
R$ 3,50
unidade

Escova de dentes
R$ 4,00
unidade

Fio dental
R$ 3,80
unidade

Shampoo
R$ 5,00
unidade

Detergente
R$ 1,00
unidade

Água sanitária
R$ 2,00
unidade

Lava roupa
R$ 8,00
unidade

Esponja
R$ 0,50
unidade

FOTOS: SHUTTERSTOCK E FREEPIK

APROVEITE E ECONOMIZE!